MANUEL

DU

PARFAIT BOULANGISTE

DIALOGUES RECUEILLIS

PAR

Arthur BAILLY

~~~~~~~~~

SE TROUVE CHEZ L'AUTEUR

38, rue de Versailles, à Bougival (S.-et-O.)

MANUEL

DU

PARFAIT BOULANGISTE

DIALOGUES RECUEILLIS

PAR

Arthur BAILLY

~~~~~~~~~~~~~

— Alors vous êtes de l'opposition ?

— On est toujours de l'opposition quand on est mécontent.

— De quoi êtes-vous mécontent ? Les affaires reprennent, notre Exposition universelle est magnifique, l'étranger est en rage ou applaudit, le bien-être est général, on améliore tous les jours le sort du travailleur et l'extinction du paupérisme est commencée !

— Enfin tout est pour le mieux dans le meilleur des mondes.

— Je ne dis pas cela. Mais le progrès...

— Laissons faire le progrès. La science depuis quelques années ne le laisse pas flâner en route, et sa marche en avant ne peut être arrêtée par personne. Si nous examinons la politique, au contraire, nous nous apercevons que sa marche ascensionnelle se trouve paralysée, qui par de brusques changements de ministère; qui par la coalition des extrêmes; qui par le Sénat; qui par le pouvoir exécutif. Comme je ne veux pas que cet état de choses continue, je fais de l'opposition.

— C'est bien vague.

— Pas du tout. J'admets que l'électeur qui pense et qui lit puisse s'étonner de la façon dont on nous gouverne. Faites le bilan de la Chambre des députés, regardez le Sénat et vous vous rendrez compte de l'incohérence de nos gouvernants ou de la comédie qu'ils essayent de jouer. Les uns tirent à droite, les autres à gauche ; celui-ci, qui ne bougeait jamais, devient féroce ; celui-là, dont la franchise était proverbiale, n'a plus qu'un soin : ménager la chèvre et le chou. Les radicaux, après avoir communié avec la droite, se sont alliés avec les opportunistes ; les opportunistes, comme les juifs, n'ont plus de parti. Le centre s'applatit, les extrèmes se touchent, et par là-dessus plane comme une envie effrénée de ministères. Ce désir d'être ministre n'a rien que de très louable si l'on a pour but de faire mieux que les autres ; mais hélas ! rien ne change et si l'on veut un porte-feuille, c'est pour distribuer des places, des croix et surtout pour s'enrichir en

protégeant ou en créant toute sorte d'en-
treprises véreuses.

— Je vous vois venir; vous allez crier :
A bas les voleurs !

— Non; car c'est là une maladie de
notre époque. Une quantité de gens très
honnêtes ou soi-disant tels qui repous-
sent le vol avec horreur, trouvent que
tromper des actionnaires, voler l'État,
vendre des décorations sont choses très
ordinaires, presque obligatoires, ou tout
au moins excusables, parce qu'elles se sont
déjà produites sous les autres régimes.
J'ai connu un Monsieur très bien qui por-
tait immédiatement chez le commissaire
de police tous les objets qu'il trouvait, et
à qui il ne semblait pas malhonnête de
passer devant l'octroi sans payer les droits
sur le gibier qu'il rapportait de la chasse.

— Et c'est contre cet état de choses que
l'opposition (la vôtre) veut réagir.

— Oui ; et c'est pour cela que nous faisons de la propagande.

— Est-elle toujours sincère, toujours juste ?

— Je ne veux pas le savoir ; l'idée est bonne et voilà tout. Il ne peut exister entre nous qu'une discussion de principes et non de personnes. En ma qualité de républicain, je veux la République ; mais je ne serais pas républicain que je le deviendrais, car la multiplicité des prétendants a rendu toute restauration monarchique impossible, et contre l'impossibilité nul n'est tenu. Donc, je considère que la France ne peut avoir de meilleur gouvernement que celui de la République. Je vais plus loin ; je dis qu'il y a deux choses en France auxquelles le peuple, la nation entière ne peut toucher : c'est la République et le suffrage universel. La première nous met à l'abri des révolutions et de la guerre civile, et si on touchait à la seconde, c'est comme si l'on touchait au peuple lui-même.

— Ainsi, par exemple, on ferait voter la nation par oui et par non sur cette question:

1° Le suffrage universel doit-il être supprimé? Si la nation répondait oui, d'après vous, ce serait comme si elle chantait?

—Absolument, car voici un homme valide, sain de corps et d'esprit. Cet homme a-t-il le droit de supprimer sa volonté, de subir de sa propre initiative une déchéance complète? Lors même qu'il voudrait le faire, le laisserez-vous se suicider ainsi moralement?

— Non, je ferais tous mes efforts pour l'en empêcher.

— Eh bien! un peuple a les mêmes droits, les mêmes devoirs qu'un individu en matière de volonté et d'existence.

— Nous laissons de côté la monarchie,

nous ne touchons ni à la République, ni au suffrage universel; alors que ferons-nous avec votre opposition ?

— D'abord, il y a opposition et opposition.

— Comme il y a fagot et fagot, d'accord; mais de quel genre est votre opposition ? Est-elle réactionnaire ?

— Je viens de vous dire que non.

— Elle emprunte un peu aux bonapartistes.

— Non.

— Aux orléanistes ?

— Non.

— Vous êtes anarchiste ou socialiste, alors ?

— Non, nous nous contentons d'être républicains.

— Ah ! je comprends, vous faites de l'opposition républicaine au gouvernement républicain, parce que vous êtes d'une nuance plus pâle ou plus foncée que lui.

— Ce n'est pas encore cela. Ma politique diffère de la politique de nos gouvernants actuels parce que j'ai pour idéal une république différente de la leur.

— Expliquez-vous.

— Je suis de ceux qui mettent la patrie au-dessus de la querelle des partis, et j'espère, pour l'honneur de mon pays, que tous les bons Français partagent ma manière de voir. Dans ces conditions, j'ai donc à examiner quelle est la forme de gouvernement, ou plutôt quelles sont les institutions gouvernementales qui plaisent le mieux à nos aspirations, à nos coutumes et à nos mœurs ; quel est le meilleur régime républicain qui m'assurera le mieux la paix à l'intérieur, le respe t au dehors, le bien-être et l'ordre au dedans, la grandeur et la prospérité dans l'avenir.

— Tous les gouvernements ont promis, sinon essayé de faire cette félicité parfaite que vous préconisez.

— C'est vrai, mais comme aucun n'a pu trouver la voie qui conduit à ce but, c'est à nous électeurs, Français éligibles, qu'il appartient de rechercher les causes morales ou physiques qui les ont empêchés d'accomplir leurs promesses.

L'opinion publique se divise en deux parties. D'un côté, ceux qui veulent atteindre le but souhaité en appuyant vers la droite; et de l'autre, ceux qui prétendent obtenir le même résultat en marchant vers la gauche. Il y a même un troisième clan qui suit une ligne brisée, allant tantôt à droite, tantôt à gauche, et qu'on appelle le centre.

— Bien ! vous voulez me dire que les électeurs français se divisent en trois portions : le parti républicain, le parti monarchique et enfin le parti libéral qui emprunte aux deux précédents. Je ne vois pas grand mal à cette classification.

— Il y en a un très grand, au contraire. La France est d'abord divisée, comme vous le dites, en trois parties, puis, chaque partie se subdivise en une multitude de nuances imperceptibles, mais éloignées à jamais l'une de l'autre. Et, comme aucun rapprochement durable n'est possible, je dis que cette division tue la France, ou, en tout cas, diminuera considérablement sa force au moment du danger.

— Devons-nous craindre quelque danger ?

— Une nation riche, grande, peuplée de génies et d'intelligences supérieures, doit toujours avoir à craindre la jalousie et l'envie des peuples voisins.

— Mais votre parti est une division de plus.

— C'est une erreur. Le parti que nous avons dénommé « le parti national », s'est formé par la force des choses, par le besoin d'union, non parmi les républicains seulement, mais parmi tous les Français. Tous les autres partis y apportent leur contingent, et coopèrent ainsi, en bons patriotes, à la réunion de tous les gens d'une même patrie, à la chute de tous ces groupes et sous-groupes, au renversement des ambitions personnelles qui n'ont que le lucre et la vénalité pour but, le mensonge et le déshonneur pour moyens.

Le parti national a pris pour programme :

1° L'établissement d'institutions nouvelles qui remplacent la volonté d'un homme ou de quelques politiciens intéressés par la volonté de tous. — Voilà pour faire la République démocratique !

2° Il veut donner au gouvernement l'autorité, la force et la stabilité qui lui

sont nécessaires pour mener à bien les
affaires du pays au dedans et au dehors,
en le mettant au-dessus des coalitions do
groupes, des querelles personnelles et des
discussions de clocher. — Voilà pour
l'ordre et la prospérité !

3° Il demande à ce que les ministres
soient responsables, non seulement moralement, mais aussi pécuniairement et
matériellement. Cette responsabilité doit
s'étendre à tous ceux qui détiennent une
charge publique à l'exécutif comme aux
députés. — Voilà pour s'assurer de la fidé-
lité, de la droiture et de l'honnêteté de nos
gouvernants !

— Tout cela ne m'explique pas pourquoi
vous êtes de l'opposition, car toutes ces
réformes peuvent être demandées et obte-
nues avec le régime actuel.

— Le régime n'est pas en cause, mais
seulement le parti qui nous gouverne,

puisque nous voulons conserver la République en modifiant seulement la Constitution dans le sens que je viens de vous
dire.

— C'est donc la revision de la Constitution que vous voulez?

— Rien de plus.

— Mais les trois quarts au moins des
députés républicains sont revisionnistes.
D'où vient-il qu'ils ne font pas cause com-
mune avec vous?

— Parce que ce sont des revisionnistes
de nom seulement et non des revisionnistes
de fait. Ils ressemblent à ces prêcheurs de
morale qui disent tout haut : « Faites
comme je vous dis, » et tout bas : « Ne
faites pas comme je fais ! »

— C'est aller un peu loin, et je ne m'explique pas la raison qui les fait agir
ainsi.

— Elle est bien simple. Allez donc dire
à tel ou tel commerçant qu'un nouvel
agencement de son magasin aurait l'avan-
tage de plaire à sa clientèle. Si cette
réforme ne lui rapporte aucun bénéfice il
vous répondra : « J'ai fait fortune avec
mon système, je continue à gagner beau-
coup ; le sort de mes clients ne doit m'in-
téresser que s'il me procure quelques
avantages ; et comme ce n'est pas le cas,
je me refuse à changer ma méthode ou
mon installation. » Eh bien ! nos gouvernants ont la même pensée. Ils sont arrivés
à l'aide des institutions actuelles, ils
désirent ne pas perdre un pouce de leur
puissance; et comme c'est là que le bât les
blesse, craignant sans doute quelques
changements dans leur situation politique,
ils vous répondent par la vieille formule :
« J'y suis, j'y reste. » Ainsi, les sénateurs
ne veulent pas de la revision parce que

l'*a b c* de toute revision est la suppression
du Sénat. Les députés s'accommoderaient
de la revision, mais d'une revision mitigée,
réduite, respectant leurs privilèges et
susceptible de les augmenter au besoin.
Chacune des deux Chambres réclame en
sa faveur, discute, plaide les circonstances
atténuantes pour elle et charge sa voisine
de tous les méfaits. Elles ne sont d'accord
que lorsqu'un troisième avis intervient.

— Vous alliez dire un troisième larron.

— Je vous répondrai tout à l'heure sur
ce point; en attendant, vous ne pouvez
nier que la revision est pour rien dans
l'agitation actuelle.

— Je l'admets.....

— Et je vous ferai remarquer en pas-
sant que je vous ai convaincu sur ce point.
C'est qu'il est urgent que la constitution
de 1875 soit revisée dans le plus bref dé-
lai. Donc, j'inscris en tête de mon pro-

gramme « Revision » et comme les hommes actuellement au pouvoir ne peuvent comprendre cette revision comme l'entend le pays, je me déclare de « *l'opposition* ».

— Parfait! Tout le monde, ou à peu près, désire la revision; mais où l'on ne s'accorde plus, c'est quand on examine les points à reviser. Il n'y a pas qu'à la Chambre et au Sénat qu'on est divisé à propos de la révision. Dans le pays même, les uns veulent rayer de la constitution le mot République; les autres, les mots Sénat ou présidence de la République, etc.

— Vous parlez de ceux qui font de la politique un métier; mais le peuple résume son opinion plus simplement, il veut une revision sage, sans bouleversement, sans lutte, il veut en un mot l'union des bons français sur le terrain de la République.

— La République ouverte..!

— Parfaitement. Ne croyez-vous pas qu'un monarchiste quelconque, si convaincu qu'il soit, ne puisse faire franchement et sans arrière-pensée acte d'adhésion à la République?

— Hum! hum!

— Vous doutez! Alors comment m'expliquerez-vous la disparition des 7,000,000 de monarchistes qui ont voté oui au plébiscite. Je le répète, vous avez le devoir de faire la République ouverte à toutes les bonnes volontés. Elle ne doit être ni une coterie, ni une église, elle doit être la patrie, la France entière, puisque étant donnée la multiplicité des prétendants, la France ne peut avoir d'autre gouvernement que celui de la République. Et pour cela que faut-il faire? Etre juste, être honnête, donner à tous l'accès des charges publiques, être sévère pour les méchants et les intrigants, bon pour les faibles et les

déshérités, patient mais ferme et résolu
envers les fanatiques de tous les partis.
Le peuple est souverain, c'est à lui et non
à d'autres de désigner ceux qui doivent
organiser et appliquer ces réformes.

— Oh ! à ce popos, permettez-moi de
vous dire que son désir est mal défini.

—En effet, le désir du peuple est mal défini
parce qu'il est la résultante d'opinions con-
nexes mais différentes produites par une
foule de courants divers. Toutefois, ce désir se manifeste sous trois formes: autorité et moralité gouvernementales, stabilité ministérielle, responsabilité effective
des pouvoirs législatifs et exécutifs. La
Nation, par exemple, ne veut plus que l'autorité gouvernementale soit affaiblie, dé-
tournée au profit et suivant les caprices de
quelques sectaires ou de tel ou tel groupe
parlementaire sans importance; il ne veut
plus que nos ministres puissent impuné-

ment violer la constitution en préparant
un coup d'état comme au 24 mai ou en fai-
sant la guerre, comme celle du Tonkin,
ou enfin, en vendant des places et des décorations au profit de leurs intérêts person-
nels comme au temps de Wilson.

— C'est l'affaire de nos législateurs que de
détruire ces abus et d'interpréter le désir
populaire, de l'ordonnancer et de le tra-
duire sous forme de loi.

— Et quand ces législateurs refusent
d'accomplir ce devoir ?

— On les chasse comme de mauvais
serviteurs et on les remplace par d'autres.

— C'est ce que nous demandons. Aussi,
comme nos pères de 1789 nous devons, cent
ans après, crier encore : A bas les privilèges.

A bas les aristocrates de la finance et de
la politique ! Comme eux aussi nous
demandons de grandes améliorations dans

le système de la représentation du peuple
et dans l'administration des affaires
publiques. Donc, dans chaque vote que la
nation est appelée à faire et tant qu'on ne
lui donnera pas satisfaction, elle ne doit
avoir qu'un but : se prononcer nettement
pour la revision de la Constitution. Elle
doit de même exiger que cette revision soit
l'œuvre de législateurs spécialement nommés à cet effet. Car un sénateur élu depuis
plusieurs années et qui peut être inamo-
vible, et un député élu dans l'arrondissement de Z... ou de X..., parce qu'il était
partisan d'un tracé de canal ou de chemin
de fer, n'ont pas qualité de réformer les
lois fondamentales. Le bulletin de vote
traduit la pensée de l'électeur, c'est vrai;
mais si vous posez à l'électeur plusieurs
questions contraires, il y aura confusion.
Voici deux candidats en présence : l'un
est républicain et libre-échangiste, l'autre

est réactionnaire et protectionniste ; je vous demande pour lequel de ces deux candidats devra voter l'électeur républicain dont l'industrie ou le commerce a besoin d'être protégé contre la concurrence étrangère ?

— Le problème est, en effet, difficile à résoudre.

— Il l'est encore plus quand on soulève les questions locales, les situations de fortune, d'indépendance, etc., etc.; et c'est pourquoi je dis qu'une constitution ne peut exprimer l'exacte volonté du pays que lorsqu'elle est l'œuvre de constituants nommés rien que pour cela. Pour la direction des affaires, pour l'administration générale, pour la confection des lois usuelles, nous avons le Parlement, c'est-à-dire les députés élus pour cinq ans dans chaque arrondissement; pour la revision de la Constitution, il nous faut *une constituante.*

Les véritables revisionnistes ne peuvent donc avoir qu'un seul programme :

Revision de la Constitution par une constituante.

— Je vous demanderai tout à l'heure par quels moyens vous arriverez à la résolution de vos projets ; pour le moment je vous arrête et je vous demande pourquoi vous appelez-vous boulangistes, anti-parlementaires, etc., etc., si les seuls mots revision, constituante doivent être inscrits sur votre programme ?

— Je vous ferai remarquer que ce sont nos ennemis qui nous ont décorés de cette épithète.

— Ils avaient, vous en conviendrez, leurs raisons.

En effet. Nous nous sommes mis à la suite d'un soldat qu'on a jeté, à tort ou à raison, dans la politique. Le général Boulanger commandait à Tunis, c'est à peine si l'on connaissait ses idées, lorsque les plus ardents souteneurs du parlementa-risme...

— Je vous en prie, si vous voulez me convaincre, n'employez pas ces termes de souteneurs en parlant de vos adversaires, et de braves en parlant de vos amis.

— Bien ! Je disais que MM. Clémenceau, Pelletan, Floquet, Goblet, etc., étaient boulangistes au moment où personne ne se doutait de l'existence de cette nuance politique. C'est le parti qui attaque le plus le général qui le porta au pinacle à ce moment. La France qui travaille s'est demandé pour quelles raisons cet homme, ce ministre qui n'avait pas démérité, au contraire, pendant son passage au ministère, était renversé ; pourquoi on exigeait alors qu'il ne fasse pas partie d'une nouvelle combinaison ministérielle, bien qu'il était désigné à la Chambre par l'opinion pu-

blique. L'artisan, le paysan, le travailleur
de toutes les classes de la société qui ne
comprend rien à la comédie politique eut
une désillusion; il se porta pour Boulanger contre la Chambre, pour le dis-
gracié contre le gouvernement qui le rem-
plaçait. Je ne veux pas défendre le général,
mais toujours est-il que c'est à ce moment
que commença sa véritable popularité.

De là pour un ancien ministre de la
guerre à qui l'on refuse jusqu'à une per-
mission de vingt-quatre heures; à qui l'on
inflige des arrêts de rigueur pour avoir
conservé des relations politiques alors que
la politique elle-même l'a dérangé de ses
occupations militaires; à qui l'on brise la
carrière en le mettant d'office à la retraite;
à qui, enfin, on fait sans raison sottises
sur sottises et sur qui l'on se livre à une
véritable persécution; je dis que pour un
homme de ce rang-là et doué d'une intelli-

gence supérieure, de cette martyrisation à
la révolte pacifique il n'y avait qu'un pas.
Boulanger se mit à la tête du mouvement
populaire qui avait protesté contre sa dis-
grâce et il fit bien. Quelques-uns ont dit
qu'il l'avait fait par ambition, d'autres par
gratitude et ses amis prétendent que c'est
par conviction. Les uns et les autres ont
peut-être raison, je ne veux pas discuter;
en tout cas, je ne vois pas bien quels griefs
on peut invoquer contre cette conduite du
général Boulanger. Il est permis d'être
ambitieux, quand cette ambition a pour
règle et pour moteur la raison populaire,
le bonheur et la gloire de la patrie. Sans
ambition, le simple soldat ne deviendrait
jamais officier, un commerçant ne s'enri-
chirait pas, le député, l'élu, resterait électeur. Si c'est par gratitude, c'est une vertu
de ne pas être ingrat; si c'est par conviction, c'est une raison de plus pour être

avec lui puisqu'il se fait le champion de
nos idées. Le reste n'est rien; tout ce qu'on
dit, tout ce qu'on écrit en dehors de cela est
douteux et est peut-être inventé pour les
besoins de la cause.

Quand on veut tuer son chien on dit
qu'il est enragé, et cette maxime est de-
venue la devise de tous les gens en place,
de tous nos gouvernants qui craignent de
perdre leur influence ou leurs sinécures.

— Cependant il y a un grand nombre
d'électeurs indépendants qui n'ont rien à
perdre dans ce sens-là et qui ne voteront
pas pour Boulanger ou pour ses amis. A
quoi cela tient-il ?

— Si les électeurs que vous m'indiquez
sont monarchistes, c'est qu'ils ne veulent
rien abdiquer de leurs préférences ; et au
point de vue du bon sens et du patriotisme,
vous comprendrez avec moi qu'ils ont
tort.

S'ils sont républicains, c'est qu'ils ont peur d'une dictature imaginaire.

— Pourquoi imaginaire?

— Parce que l'électeur est aujourd'hui éclairé, indépendant et, sans conteste, souverain maître des destinées de la nation. Dans le plus petit hameau français on lit, on se rend compte, on pèse le pour et le contre et le peuple entier se soulèverait comme un seul homme contre le criminel qui voudrait changer à son profit la forme du gouvernement. Ce coup d'État que la réaction n'a pu faire pendant le septenat du maréchal de Mac-Mahon, alors qu'elle possédait l'armée et le Sénat et presque tout le personnel impérial, croyez-vous qu'il est plus facile à commettre aujourd'hui?

— « Les chassepots partiraient tout seuls, » a dit le maréchal; maintenant ce seraient les fusils Lebel, car l'armée n'est

plus composée comme en 1851. L'armée
de nos jours, c'est vous, c'est moi, c'est ce
monsieur Tout le Monde qui se fait tuer
pour la France, pour son drapeau, mais
qui tuerait celui d'entre nous qui voudrait
attenter à la liberté. La dictature person-
nelle est impossible maintenant en France,
et ceux qui l'agitent ressemblent à ceux
qui agitaient le spectre rouge en 1830.

La dictature collective, l'anarchie des
pouvoirs, l'oligarchie impuissante et la réunion d'appétits divers et jamais rassasiés
seules sont à craindre, et c'est ce que nous
voulons empêcher en donnant au peuple
les moyens de remplacer, dès qu'il le juge
convenable, les incapables qui le gouver-
nent et de flétrir les serviteurs infidèles qui
le volent et qui le déshonorent.

— Si c'est pour toutes ces raisons que
vous faites de l'opposition, que vous ins-
crivez en tête de vos programmes : Revi-

sion, Constituante, Référendum, et que vous vous laissez appeler : boulangistes ; voulez-vous connaître mon opinion ?

— Oui !

— La voici : Vive la France ! Vive la République ! Vive le général Boulanger !

ARTHUR BAILLY

Bougival, juillet 1889.

752. — IMP. P. DUBREUIL, 18 & 18 BIS, RUE DES MARTYRS.

140

www.ingramcontent.com/pod-product-compliance
Lightning Source LLC
Chambersburg PA
CBHW060812280326
41934CB00010B/2653